ARLEQUIN-JOSEPH,

COMÉDIE-PARADE,

EN UN ACTE ET EN VAUDEVILLES,

MÊLÉS DE PROSE;

Par le Citoyen B. DEMAUTORT.

Représentée sur le Théâtre du Vaudeville, le sextidi 6 Nivose l'an deuxième de la République Française.

PRIX Trente sols, avec la Musique.

A PARIS;

CHEZ le Libraire, au Théâtre du Vaudeville;
Et à l'Imprimerie, rue des Droits de l'Homme,
N°. 44.

An deuxième.

PERSONNAGES.	ACTEURS.
ARLEQUIN-JOSEPH, maître clerc de Putiphar.	Cn. Delaporte.
PUTIPHAR, vieux procureur à Passy.	Cn. Chapelle.
Madame PUTIPHAR, sa femme, et du même âge.	Cne. Duchaume.
MIMI, jeune servante de Putiphar.	Cne. Delaporte.

La Scène est à Passy, dans le jardin de Putiphar.

La première représentation de cette pièce a été précédée de ce couplet d'annonce, chanté à la suite d'un Vaudeville dont le mot est : *famille.*

AIR : *Du vaudeville de l'Isle des Femmes.*

Taquin, Cruello, l'afficheur.
Et l'Arlequin de Colombine,
D'autres, encor, sont en faveur ;
Joseph, incertain, se chagrine.
Il est bien sans prétention ;
Mais, cependant, croyez qu'il grille
De savoir, par adoption,
S'il entrera dans la famille.

ARLEQUIN-JOSEPH,

COMÉDIE-PARADE,

EN UN ACTE ET EN VAUDEVILLES,

MÊLÉS DE PROSE.

On voit à droite un bâtiment, quelques arbres à gauche ; et, dans le fond du Théâtre, un mur de clôture.

SCENE PREMIERE.

PUTIPHAR, Madame PUTIPHAR.

Au lever de la toile Putiphar, assis à gauche du Théâtre, s'occupe à lire les journaux, Mde. Putiphar, en belouze d'indienne, est assise à droite, et brode du marli.

Madame PUTIPHAR.

DEPUIS trente ans que vous êtes procureur à Passy, vous devriez, mon mari, songer à vous retirer. L'esprit se fatigue à la fin.

PUTIPHAR.

L'esprit, ma femme ?

AIR : *Du noël Suisse.*

Savant en affaire,
Je sais toujours faire
Ce que j'ai su faire
A l'âge de vingt ans :
J'aime le travail autant qu'en mon printems,
Et je mets toujours bien à profit le tems.

Madame PUTIPHAR.

Propos téméraire :
Quant au savoir faire,
Ce n'est qu'en affaire,
Que monsieur sait faire,
Ce qu'il savait faire
A l'âge de vingt ans.

PUTIPHAR.

Les clients n'ont pas à s'en plaindre.

Madame PUTIPHAR.

Je le crois ; vous leur donnez, chez le restaurateur, des dîners qui vous ruinent. Un procureur qui se fait manger par les autres, c'est le monde renversé.

PUTIPHAR.

Qu'est-ce que cela fait, madame Putiphar ? Nous n'avons point d'enfans.

Madame PUTIPHAR.

Patience, monsieur Putiphar ; je puis encore espérer. Il est si doux d'être mère ! d'élever son petit fanfan à la Jean-Jacques !

PUTIPHAR.

AIR : *L'amour est un enfant trompeur.*

Quand on veut bien s'en pénétrer,
C'est un beau rôle à faire !
Mais on a peine à rencontrer
La véritable mère,

Madame PUTIPHAR.

Il est, et l'on peut le prouver,
Plus difficile de trouver
Le véritable père.   (bis.)

PUTIPHAR.

Ce n'est pas de ça qu'il s'agit. Le fait, c'est qu'en me retirant, je ne puis céder mon étude qu'à Joseph, mon maître clerc, qui n'a pas le sol.

Madame PUTIPHAR.

Qui vous dit ça ? Il trouvera des ressources.

AIR : *Ah! ma voisine, es-tu fachée !*

Des bons sujets, c'est le plus rare ;
  Je le sais bien !
Et pour un clerc, il ne s'égare
  Jamais en rien.

PUTIPHAR.

Je serai, puisqu'il me soulage,
  Bien plus heureux,
Si la besogne se partage
  Entre nous deux.

Madame PUTIPHAR.

Mais, dites-moi, Joseph ne parle jamais de son pays?

PUTIPHAR.

C'est qu'il y a éprouvé des chagrins. Il est, comme vous le savez, né en Ethiopie.

Madame PUTIPHAR.

Voilà pourquoi, sans-doute, nous le trouvons si sauvage.

PUTIPHAR.

C'est défiance chez lui.

AIR : *On compterait les diamans.*

Par un trafic, à des marchands,
Et pour une modique somme,
Des frères, jaloux et méchans,
Ont livré, dit-on, ce jeune homme.
Depuis, Joseph s'est défié
De ses amis les plus sincères :
Peut-on compter sur l'amitié,
Quand on est vendu par ses frères !   (*bis.*)

Madame PUTIPHAR.

Pauvre petit! arrivé en France, il a trouvé la liberté.

PUTIPHAR.

Oui. Il s'est d'abord placé chez des moines, et de là chez moi.

Madame PUTIPHAR.

Sa position intéresse!

PUTIPHAR.

Aussi, quand je céderai mon étude, est-il sûr de la préférence.

SCENE II.

MIMI, *tenant un panier à salade*, PUTIPHAR, Madame PUTIPHAR, *se levant tous deux.*

MIMI.

On vous attend l'un et l'autre au salon.

Madame PUTIPHAR.

C'est bon, Mimi; et Joseph?

PUTIPHAR.

Je le vois souvent à la cuisine.... Je n'aime pas ça, ma Bonne.

MIMI.

Que voulez-vous? Il est bien obligé de déserter l'étude. Les clers lisent des livres!... et tiennent des propos!... quand je m'amuse à les écouter, ce qui m'arrive souvent, j'en suis scandalisée!

Madame PUTIPHAR.

Je leur avais pourtant bien défendu cela.

MIMI.

Air : C'est Suzon la camarde.

Vos clercs, par habitude,
Toujours égrillards,
Chantent dans votre étude
Des couplets gaillards.

Devant Arlequin, qu'on a nommé Joseph, parce qu'il est comme le *Chaste Joseph* qui rougissait d'un mot!...

Madame PUTIPHAR.

Qui rougissait d'un mot

Suite du couplet.

Voyez quelle merveille !
Eh bien, aujourd'hui,
Le jeune homme a, dit-on, l'oreille
Chaste comme lui.

PUTIPHAR.

Ces jeunes gens, en l'agaçant, font leur métier.

Madame PUTIPHAR.

Hélas! ils vont des clercs égarer le plus sage!... C'est à nous d'avoir toujours des attentions pour lui, ma Bonne.

MIMI.

On en a, madame.

PUTIPHAR.

Il faut y mettre des bornes.

MIMI.

On en met, monsieur.

PUTIPHAR.

On voit que Joseph a été chez des moines ; il a le défaut d'être gourmand et de toucher à tout.

MIMI.

A tout?.. Je suis là.

PUTIPHAR.

Ma femme, songez qu'on nous attend?

Madame PUTIPHAR.

Allez toujours et je vous suis.

Putiphar, en quittant, fait des signes gracieux à la Bonne qui les reçoit avec indifférence.

SCENE III.

Madame PUTIPHAR, MIMI.

MIMI.

Je ne sais; mais je vous trouve l'air bien ennuyé?

Madame PUTIPHAR.

Que veux-tu? mon mari et moi nous ne pensons pas de même. Il est modéré, et je ne veux pas qu'on soit modéré. Il m'évite; moi, qui aime la société, je n'en trouve plus à Passy.

MIMI.

Hélas! c'est bien vrai.

AIR: *De la croisée. Par Ducray.*

Nous avions d'aimables voisins,
Visitant souvent leurs voisines;
De vos maris très-peu cousins,
Quoique gens de fort bonnes mines.

Madame PUTIPHAR.

Ils n'y sont plus: ah! quel souci!
Pleurons toutes, tant que nous sommes.

MIMI.

On a, pour dépeupler Passy,
Supprimé les Bons-Hommes.

Madame PUTIPHAR.

Aussi, pour avoir une société, je presse mon mari de traiter avec Joseph, à qui je réserve quelques fonds pour ça.

MIMI.

Et puis après ?

Madame PUTIPHAR.

AIR : Pourriez-vous bien douter encore.
Tout aussitôt je me sépare,
Et le divorce est mon espoir.

MIMI.

Ma maîtresse, hélas ! se prépare
Bien des chagrins, sans le savoir.

Et où cela vous menera-t-il ?

Madame PUTIPHAR.

Suite du couplet.
Joseph, est celui que j'épouse,
L'exemple du pays entier !
Sans famille, je suis jalouse
D'avoir, au moins, un héritier.

MIMI.

Et vous supposez que Joseph, jeune encore, y consentira ?

Madame PUTIPHAR.

Je le présume. Je n'ose plus parler de mon amour; je suis si timide!...

MIMI.

Quelle modestie !

Madame PUTIPHAR.

Joseph est d'un pays où l'on se mêle d'interpréter les songes ; j'en imaginerai un pour lui glisser quelques mots de mon projet.

MIMI.

Bien trouvé!

Madame PUTIPHAR.

Je te recommande, au reste, mes intérêts auprès de lui.

MIMI.

Point d'inquiétude ; ils sont en bonnes mains.

Madame PUTIPHAR, *en rentrant chez elle.*

Ma confiance est bien placée.

SCÈNE IV.

MIMI, *seule, tenant son panier à salade.*

Elle s'y connaît !... arrangeons à présent cette salade pour Joseph qui l'aime.... Je crains bien que ma maitresse ne se donne un ridicule, en s'attachant à ce jeune homme, qui dans le fait, me conviendrait mieux.

AIR : *Joseph est bien marié.*

Joseph n'est point marié,
Joseph n'est point marié ;
S'il est garçon on est fille,
S'il est bien, on est gentille :
On peut l'aimer d'amitié,
Joseph n'est point marié.

L'orchestre reprend une partie de l'air ; Mimi le suit en secouant sa salade et fait de même après le second couplet.

Mais si je réussis.

Même air.

Joseph sera marié,
Joseph sera marié :
On est sage, il est novice ;
Dans nos cœurs l'amour se glisse,
Sous le nom de l'amité,
Joseph est bien marié.

Le vieux Putiphar est amoureux de moi, et fait ce que je veux; je tâche de faire passer sa pratique au jeune homme... Voilà Joseph.

SCÈNE V.

MIMI, JOSEPH, *en manteau d'Arlequin.*

JOSEPH.

Je quitte la maman Putiphar à l'instant; dites lui donc que son fichu soit moins ouvert; elle me scandalise.

MIMI.

Dites-vous cela pour le mien?

JOSEPH.

C'est bien différent, ma Bonne! chez vous, ça ne scandalise pas.. J'ai bien du chagrin, allez. Je sors du garde-manger; le citoyen Putiphar est venu comme je visitais le fond d'un pâté, il m'a défendu d'y remettre le pied.

MIMI.

Est-ce que vous ne viendrez plus à la cuisine?

JOSEPH.

Quand j'y vais, on me gronde.

MIMI.

Oui; mais moi, je ne vous gronde pas.....

JOSEPH.

Au contraire.... je suis accablé, ma Bonne.

AIR: *On ne peut aimer qu'une fois.*

Pour Joseph, ah! quel rude emploi!
Jeunes, vieilles clientes,
Ici ne s'adressent qu'à moi.

MIMI.

Et n'en sont point contentes.

JOSEPH.

Je suis cependant toujours prêt
A parler de leurs causes ;
Mais chacune d'elles voudrait
Me parler d'autres choses.

MIMI.

Et moi, je parle de vous au vieux Putiphar; mais pour lui succéder, il faut vous mettre au fait.

JOSEPH.

AIR : *Jeune et novice encore.*
Jeune et novice encore....

MIMI.

Sans peine on peut le voir.

JOSEPH.

Bientôt ce que j'ignore......

MIMI.

Vous pourrez le savoir.

JOSEPH.

Pour avoir la pratique,
Je n'ai qu'à m'appliquer.

MIMI.

Et chez-nous on se pique,
De vous bien éduquer.

JOSEPH.

On dit que je suis à bonne école ?

MIMI.

On dit vrai.

JOSEPH.

Au logement et à la table près, je n'ai qu'à me louer de la maison.

MIMI.

AIR : *Monsieur l'abbé*.

Il est dans mes intentions
De vous combler d'attentions,
Et puissent les premières....

JOSEPH.

Eh ! bien !

MIMI.

N'être pas les dernières....
Vous m'entendez bien.

JOSEPH.

AIR : *J'ai perdu mon âne*.

Ah ! mon Dieu ! ma Bonne,
Que vous êtes bonne !

MIMI.

Si Joseph parle tout de bon,
Pour moi je le trouve aussi bon
Qu'il a trouvé bonne,
(*faisant la révérance*.)
La petite Bonne.

JOSEPH.

Votre maîtresse me fait aussi beaucoup d'amitié,
Son mari paraît aussi un bien bon homme !

MIMI.

C'est le mot. Il a de grandes attentions pour les jeunes servantes : moi, je réponds mal à ses déclarations; il n'ose plus m'en faire et me glisse de petits billets doux; quant à Madame, elle estime beaucoup les jeunes clercs.

AIR : *Du Vaudeville du prix*.

Depuis le décret du divorce,
Comme elle voudrait divorcer,
Elle vous flatte et vous amorce ;
Sachez vous en débarrasser :
Pour vous son cœur parle en silence ;
Apprenez que sa volonté
Est d'en faire la confidence
A la municipalité.

JOSEPH.

Sérieusement, ma bonne ? Qu'est-ce qu'on pense dans le quartier ?

MIMI.

On pense que vous l'épouserez.

JOSEPH.

Moi ? Ne craignez rien ; je divorcerais plutôt avant le mariage.

MIMI.

J'ai un moyen d'arranger cela ; c'est de rapprocher le mari et la femme.

JOSEPH.

Bien !.... vous m'empêcherez aussi d'en épouser d'autres.

MIMI.

En épouser d'autres ? Vous m'épouseriez plutôt !

JOSEPH.

C'est qu'on m'a peint l'amour comme un être si dangereux ! L'amitié consolante, c'est vous, ma Bonne.

MIMI.

Et l'amour en lunettes, c'est madame Putiphar.

SCENE VI.

Les mêmes, Madame PUTIPHAR.

Madame PUTIPHAR.

Oui, mes enfans, c'est moi. Joseph, je viens de parler à vos camarades ; vous n'aurez plus à vous en plaindre.

JOSEPH.

Il me disent de grandes injures ! ils m'appellent blanc-bec !....

Madame PUTIPHAR, à Joseph.

On vend une eau qui blanchit le teint. (à Mimi.) Nous en essayerons pour lui.

MIMI.

Blanchir un praticien ? Impossible !

JOSEPH.

D'ailleurs, je n'ai personne à plaire.

Madame PUTIPHAR, à part à Mimi.

Sais-tu qu'il est aimable ?

MIMI

Si je le sais !....

Madame PUTIPHAR, à part à Mimi.

Il y a bien encore en lui un certain quelque chose...

MIMI, à part à madame.

Nous lui ferons perdre ça.

Madame PUTIPHAR, à Joseph.

Nous nous occupons de vous, petit coco.

JOSEPH.

C'est bien fait ; mais en attendant.

AIR : *De cadet Roussel.*

Logé tout près du firmament,
Logé tout près du firmament,
Je vous engage, la maman,
A m'ôter de ce logement :
Il n'a ni portes, ni fenêtres,
Les rats, les chats s'en rendent maîtres,
Et là, vraiment,
Avec eux je couche en plein vent.

Madame PUTIPHAR.

Patience, mon bon ami ; on vous logera mieux.

JOSEPH.

La chambre à côté de celle de ma Bonne, me conviendrait bien !

MIMI

Oui, da !...

JOSEPH.

C'est que j'ai peur la nuit.

Madame PUTIPHAR.

Parlant de ça, j'ai fait cette nuit un rêve assez plaisant. J'ai rêvé que je contais mes chagrins à ma mère, qui me chanta ce couplet.

JOSEPH.

Votre maman chante encore ?

Madame PUTIPHAR.

En songe... Voici, à peu-près ce qu'elle me dit :

AIR : *Ça fait toujours plaisir.*

    Puisque l'ennui s'empare
    De ton époux, de toi,
    Il faut qu'on vous sépare,
    En vertu de la loi :
    Si l'un des clercs t'arrange,
    C'est lui qu'il faut choisir :
    De maris, on en change
    Au gré de son désir ;
    Ça fait, ça fait toujours plaisir.   (*bis*.)

Eh bien, que dites-vous de cela ?

JOSEPH.

De cela ? (*Il réfléchit.*) Je pense que c'est un rêve.

Madame PUTIPHAR.

Vous pourriez vous tromper.

JOSEPH.

Jamais ; et ma petite Bonne rêve-t-elle ?

Madame PUTIPHAR, *en s'éloignant avec humeur.*
C'est bien intéressant !

MIMI,

MIMI, *s'approchant de Joseph.*

AIR: *Ça n'se dit pas.*

Les plus jolis rêves du monde,
Ce sont les rêves que je fais;
Et, si le destin me seconde,
J'en dois éprouver les effets.

JOSEPH.

Eh bien! tenez, moi c'est de même:
Que rêvez-vous?

MIMI, *l'attirant à part.*

Parlez plus bas.
Quand on rêve de ce qu'on aime, } bis
Ça n'se dit pas,
Ça n'se dit pas.

Et vous?

JOSEPH, *l'attirant à part.*

Moi? (*Après un moment de silence.*)

Ç'a n'se dit pas,
Ç'à n'se dit pas.

Madame PUTIPHAR, *à Joseph.*

Mais vous devez lire dans mes yeux pour dire la bonne aventure?

JOSEPH.

Oui, la maman. (*Il regarde dans ses yeux.*) Je n'y vois rien d'heureux; vous serez contrariée avant ce soir.

Madame PUTIPHAR.

Cela ne commence pas mal; j'apperçois mon mari.

SCENE VII.

Les mêmes, PUTIPHAR.

PUTIPHAR.

Qu'est-ce que vous faites donc là, vous autres ?

MIMI, *d'un ton ironique.*

On interprète les songes de madame.

PUTIPHAR.

C'est un ouvrage ! Joseph, que n'allez-vous faire un tour à l'étude, voir ce que font vos camarades.

JOSEPH.

Mes camarades ? Ils ne veulent pas m'écouter ; ils disent qu'ils aimeraient mieux ma petite Bonne pour maître clerc.

PUTIPHAR.

Ils ne sont pas dégoûtés, ces messieurs : c'est pour eux que nous l'élevons !... allez, allez. S'ils ne vous écoutent pas, je leur parlerai.

(*Joseph rentre en faisant quelques signes à Mimi.*)

Madame PUTIPHAR.

Moi, je vais voir si mon coëffeur est arrivé (*à part à la Bonne.*) Je te laisse avec mon mari ; congédie le : je reviens à l'instant, savoir ce que Joseph t'a dit de moi.

MIMI.

A la bonne heure.

(*Putiphar se réjouit de voir sortir sa femme.*)

SCENE VIII.

PUTIPHAR, MIMI.

MIMI, *à part*.

Il est tems de rapprocher nos deux époux.

PUTIPHAR.

Mimi, sois bonne fille ; je m'occupe de toi, et tu ne manqueras de rien, ma lettre te l'annonce.

MIMI.

Je l'ai lue.

AIR : *Pour vous je vais me décider.*
Eh mais, qu'attendez-vous de moi !
A tort c'est vous mettre en dépense.

PUTIPHAR.

Je voudrais, triomphant de toi,
Triompher de l'indifférence ;
Mais ta vertu, hors de saison,
Dès qu'on te parle, vous riposte.

MIMI.

Ma vertu ?
Elle n'entend non plus raison
Qu'un français qui défend son poste.   (*bis.*)

PUTIPHAR.

Tu ne sais pas ce que tu refuses !

MIMI, *avec ironie.*

Vous avez une femme aimable, et vous en aimez d'autres ?

PUTIPHAR.

Ma femme ? Elle me reproche d'être modéré. Tu ne me reprocherais pas ça, petit coquin : mais, dis moi, si je céde mon étude à Joseph, est-ce que tu crois rester à son service?

MIMI.

Moi, rester sa servante? Ce n'est pas mon intention. (*A part.*) Suivons notre projet. (*haut.*) On danse ce soir au bois; je sais une personne qui sera parée pour y aller, et qui s'attend qu'on la fleurira.

PUTIPHAR.

Je te devine.

AIR : *De Catina.*

Ton petit air coquet
Me demande un bouquet!

MIMI.

Si monsieur y manquait,
Il aurait son paquet.

PUTIPHAR.

Moi t'offrir un bouquet,
On va faire un caquet.

MIMI.

On craint moins un caquet,
Que l'on n'aime un bouquet.

PUTIPHAR.

Je vais te chercher le bouquet; mais en échange, qu'est-ce que j'aurai, pouponne?

MIMI.

Il y a la dessus des usages, un tarif: pour un bouquet, c'est un baiser.

PUTIPHAR.

AIR : *Baiser volé sur bouche demi close.*

Un doux baiser sera ma récompense!
Mais ce baiser, d'avance il me le faut.

MIMI

Non revenez, et faites diligence;
Vous le prendrez, le prendrez aussi-tôt.

PUTIPHAR

Tu me tiendras parole ?

MIMI.

C'est dit.

PUTIPHAR, *à part en sortant.*

Elle me fait enrager ; mais elle est gentille ! tout le monde l'aime ici.

SCENE IX.

MIMI, *seule.*

A présent, appellons ma maîtresse (*elle appelle*) madame, madame ?

Madame PUTIPHAR, *de son appartement.*

Allons, j'y vais.

MIMI, *seule, à part.*

La surprise ne va guères les flater ; mais en les rapprochant, mon intention est bonne, et je n'ai point une rivale à redouter.

SCÈNE X.

Madame PUTIPHAR, MIMI.

Madame PUTIPHAR.

Eh bien, ma Bonne, tu l'as vu ? Qu'a-t-il dit ?

MIMI, *d'un air de mystère.*

Vous n'en aurez point d'autre pour mari, et, en homme galant, il vous apporte un bouquet.

Madame PUTIPHAR, *s'asseyant.*

En vérité ? Il n'est pas possible !... arrange-moi mes boucles... eh puis ?

MIMI.

Il a demandé ce qu'il aurait en échange du bouquet ; j'ai dit qu'il aurait un baiser.

Madame PUTIPHAR.

Un baiser ?... Va chercher ma boîte à rouge.

SCÈNE XI.

Madame PUTIPHAR, *seule, toujours assise.*

JE savais bien que Joseph avait de l'inclination pour moi... mais la bien séance permet-elle qu'il m'embrasse ? Au reste, c'est en tout honneur : nos nœuds seront bien légitimes.

SCÈNE XII.

Madame PUTIPHAR, MIMI;
tenant une boîte à rouge.

Madame PUTIPHAR.

MIMI que tu as bien arrangé cela ! que je t'ai d'obligation !

MIMI.

Il n'y a pas de quoi.

Madame PUTIPHAR.

Fais moi bien jolie ?

MIMI.

Je ferai l'impossible !

AIR: *Du vaudeville d'arlequin afficheur.*

Bien-farder, c'est-là mon talent.
Allons, que madame ne bouge....
Mettons d'abord beaucoup de blanc,
Et puis, mettons beaucoup de rouge...

(*A part ; montrant au public la boîte à rouge.*)

De l'art, secours insuffisans !
Ah ! mon dieu ! quel pénible ouvrage,
Quand il faut réparer des ans
  L'irréparable outrage.

(*Pendant le couplet suivant, Mimi arrange les cheveux de sa maîtresse.*)

Madame PUTIPHAR.

AIR: *Du vaudeville de l'isle des femmes.*

Chacun à ses prétentions ;
Et l'on verra sur mon visage,
Avec quelques précautions,
Briller la fraîcheur du bel âge;
En usant de moyens nouveaux,
Avant que la saison s'avance ;
Le docteur me prescrit les eaux,

MIMI, *à part.*

De la fontaine de Jouvence.

Madame PUTIPHAR.

Cela m'est bien nécessaire !

MIMI.

Et très-nécessaire, même !

SCENE XIII.

Les mêmes, PUTIPHAR, *tenant un bouquet.*

PUTIPHAR, *ne voyant que mimi, chante :*

C'est pour toi que je les arrange !

Madame PUTIPHAR, *à part.*

Ah ! mon dieu ! mon mari !

Mimi se range de côté et laisse appercevoir madame.

PUTIPHAR, *à part.*

Ma femme ! Qui diable l'attendait là ? C'est un tour de la Bonne.

MIMI.

AIR : *Regard vif et joli maintien.*
Prenez ce bouquet d'un époux.

Madame PUTIPHAR.

Oh ! quelle surprise est la mienne !
Une politesse de vous ?...
C'est du plus loin qu'il me souvienne.

PUTIPHAR.

Quand j'apporte, en adorateur,
L'hommage d'une âme constante
Je suis bien votre serviteur.

Madame PUTIPHAR.

Quand je reçois ce don flatteur,
Monsieur voit en moi (*bis*) sa servante. (*bis*)

PUTIPHAR.

Je croyais que vous refusiez ce bouquet ?

Madame PUTIPHAR.

Vous me prenez pour une autre.

MIMI, à madame.

Vous avez promis un baiser.

Madame PUTIPHAR, avec humeur.

Mon mari n'attend pas après.

MIMI.

Pourquoi?

AIR: *Il a voulu.*

Embrassez-vous ;
En bons époux,
Acquittez votre dette.

(à Putiphar.)

Vous, en voyant autant d'appas,
Allons faites le premier pas.

PUTIPHAR, à part à Mimi.

Je te revaudrai ça.

MIMI, à madame.

Il n'ose pas ;
C'est qu'il n'a pas
Encor la barbe faite.

PUTIPHAR.

Et je ne suis pas non plus encore coëffé.

Madame PUTIPHAR.

Ce n'est pas ma faute.

PUTIPHAR.

Au reste, rien ne presse.

Il fait, en sortant, la grimace à la Bonne.

SCÈNE XIV.

Madame PUTIPHAR, MIMI.

Madame PUTIPHAR.

Vous voilà contente ! vous croyez avoir fait la plus belle chose du monde.

MIMI.

Dame, j'ai voulu rapprocher deux époux ; il y a tant de gens qui en désunissent !

Madame PUTIPHAR, *ôtant avec dépit son rouge d'un seul côté.*

Je crois faire une toilette pour Joseph, c'est pour mon mari.... Vous deviez aller à la danse avec le jeune homme, vous n'irez pas ; c'est moi qui l'y mènerai.

MIMI.

Le voilà, Joseph.

SCÈNE XV.

Les mêmes, JOSEPH.

Madame PUTIPHAR.

Ah ! mon dieu ! je suis honteuse de paraître comme ça ! (*à Joseph en se sauvant et se cachant la figure, du côté où elle est sans rouge.*) Je vais songer à ma toilette, et je reviens à l'instant.

SCÈNE XVI.

JOSEPH, MIMI.

MIMI.

MA maîtresse a joué de malheur. Moi, pour avoir voulu faire le bien, je suis cassée aux gages; et plus de danse.

JOSEPH.

AIR: *Ton humeur est, Catherine.*

C'est après votre besogne
Que je vous menais danser;
Ce soir, au bois de Boulogne.

MIMI.

Mais il n'y faut plus penser.
M'interdire ainsi la danse!...
Suivant l'état du métier,
D'autres feraient, par vengeance,
Danser l'anse du panier.

JOSEPH.

Et sur quoi gagner? malgré le maximum, vous n'achetez rien.

MIMI.

Ne vous plaignez pas; ce soir, en tête à tête, je vous régale d'une belle volaille.

AIR: *Par le C. Ducray.*

MIMI.

Moi, qui jamais ne jeû-ne, Je souffre quand on jeû-ne;

JOSEPH.

Mon mari, s'il est jeune, Jamais ne jeûne-ra. Chez moi, cho-

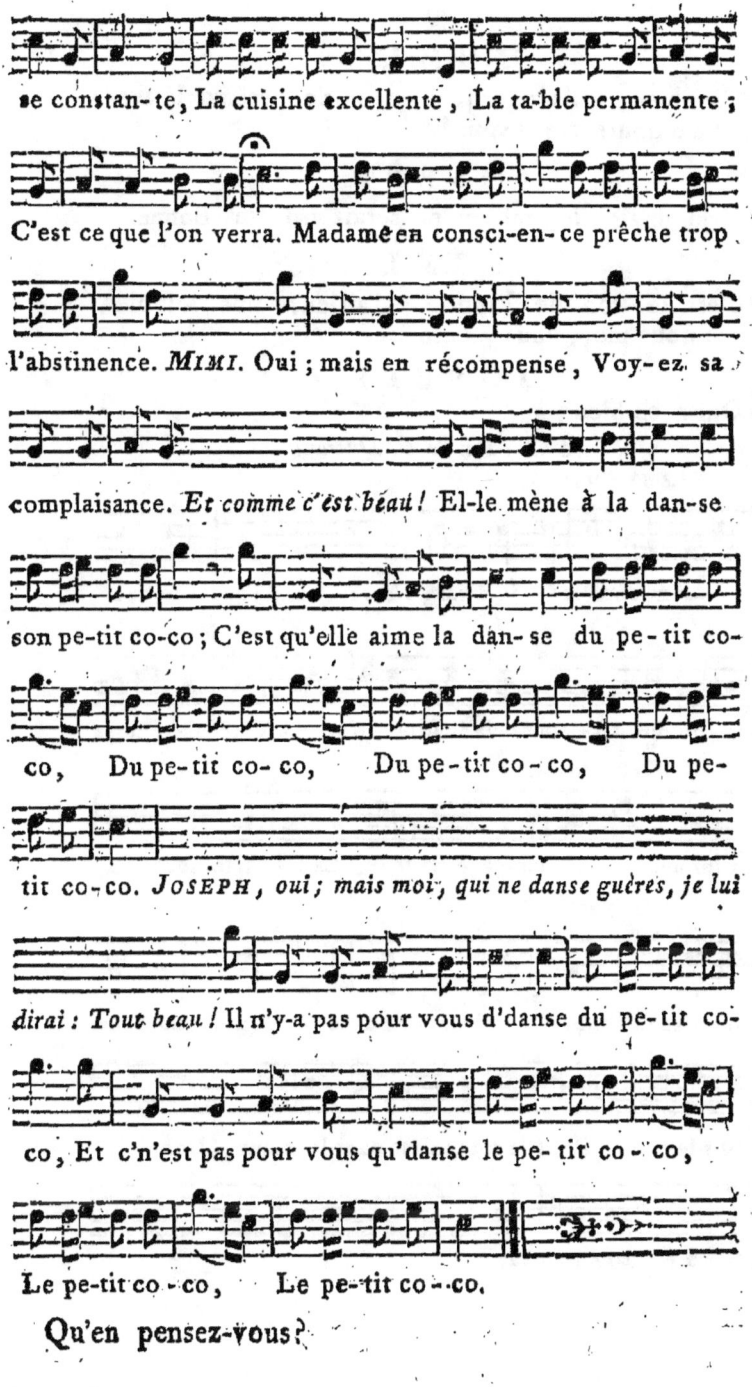

se constan-te, La cuisine excellente, La ta-ble permanente; C'est ce que l'on verra. Madame en consci-en-ce prêche trop l'abstinence. *MIMI.* Oui; mais en récompense, Voy-ez sa complaisance. *Et comme c'est beau!* El-le mène à la dan-se son pe-tit co-co; C'est qu'elle aime la dan-se du pe-tit co-co, Du pe-tit co-co, Du pe-tit co-co, Du pe-tit co-co. *JOSEPH,* oui; mais moi, qui ne danse guères, je lui dirai: *Tout beau!* Il n'y-a pas pour vous d'danse du pe-tit co-co, Et c'n'est pas pour vous qu'danse le pe-tit co-co, Le pe-tit co-co, Le pe-tit co-co.

Qu'en pensez-vous?

MIMI.

C'est bien; mais pourquoi ce ton de cérémonie avec moi ? Toujours vous! vous!

JOSEPH.

Si je disais, *tu*, *toi*, on penserait mal, ma Bonne.

MIMI.

C'est le ton de l'amitié : d'ailleurs une loi bien douce pour moi, nous y autorise.

JOSEPH.

Oui ? eh bien ;

AIR : *Par le C. Ducray.*

JOSEPH.

Dé- sor- mais je dirai, *viens*: Quand j'appel-le-rai

MIMI.

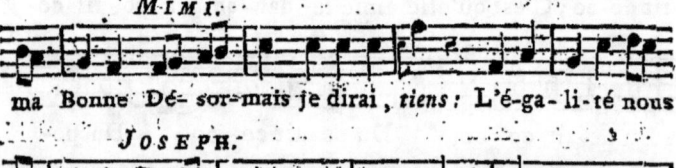

ma Bonne Dé= sor=mais je dirai, *tiens*: L'é-ga-li-té nous

JOSEPH.

l'ordonne. A ce lan-gage flatteur, La li--berté nous dis-

MIMI.

po- - se : J'aime un devoir qu'on im-po-se, Dont la source est

dans le cœur, Dont la source est dans le cœur, Dont la

source est dans le cœur.

ENSEMBLE.

A ce lan-gage flatteur, La li-ber-té nous dis-po-se.

J'aime un devoir qu'on im-po-se, Dont la source est dans le

cœur, Dont la source est dans le cœur, Dont la source est

dans le cœur.

JOSEPH, *la main sur son cœur.*

Ah! ma Bonne, ce mot-*tiens*, est là, oui, là.

MIMI.

C'est que rien ne ressemble tant à l'amour, que l'amitié.

JOSEPH.

Mais je n'ai jamais senti pour personne, une amitié comme celle-là?

MIMI.

C'est cependant bien la meilleure; mais si Joseph s'établit, puis-je décemment, à mon âge, rester chez un garçon?

JOSEPH.

Chez Joseph? Sans inconvéniens; au contraire, la décence veut que ma Bonne ne me quitte pas.

MIMI.

On jaserait, mon ami : mais je pense une chose... la bonne amitié a fait plus d'époux que l'amour.

JOSEPH.

Quoi ! ma Bonne, on peut se marier pour éviter l'amour ?

MIMI.

C'est le moyen.

JOSEPH.

Mais la maman Putiphar et son mari, vont s'opposer à nos vues: comment les mettre à la raison ?

MIMI.

Vous me croyez embarrassée d'employer la ruse ?

JOSEPH.

Non, ma Bonne.

MIMI.

Que Joseph me seconde, et ça ira bien. En attendant, je vais acheter la fine volaille. Madame va sans doute arriver.

JOSEPH.

Je vous conseille de la mettre en daube.

MIMI.

C'est mon avis.

SCÈNE XVII.

JOSEPH, seul.

Je suis bien heureux d'avoir ma petite Bonne ! c'est elle qui me conduit dans le bon chemin. Qand je lis dans les astres, quand je tire les cartes et quand je rêve, tout m'annonce le bonheur.

AIR : *Un Jour Guillot dit à Lisette.*
Par une faveur peu commune,
Dans un songe à grand appareil,
J'étais favori de la lune,
J'étais adoré du soleil.

En regardant le ciel.

Le ciel, dans ce qu'il me dévoile, (bis)
N'annonce plus la trahison :
Pour entourrer ma bonne étoile,

En indiquant le tour de la salle.

Peut-on un plus bel horison ? (bis).

Eh ! voilà la maman ! ah ! mon dieu ! quelle coëffure !

SCENE XVIII.

JOSEPH ; Madame PUTIPHAR, *en chapeau élégant.*

Madame PUTIPHAR.

Eh bien, Joseph, comment me trouvez-vous ?

JOSEPH.

Belle comme on ne l'est pas !

Madame PUTIPHAR.

C'est que je vous mène ce soir au Ranelagh. Mon ami, tout va bien. Par mon divorce, l'hymen vous promet la femme et l'étude.

JOSEPH.

Tout ça ?

Madame PUTIPHAR.

Croyez que pour en venir là, j'ai de fortes raisons.

JOSEPH.

Mon papa Jacob, m'a dit d'éviter l'amour.

Madame

Madame PUTIPHAR.
Il a eu tort.

JOSEPH.
J'ai fait le serment de donner tout à l'amitié.

Madame PUTIPHAR.
Sottise.

JOSEPH.
Sottise!

AIR: *Mon petit cœur.*

Mon honneur dit que je serais coupable,
Si je trahis le plus doux sentiment,
Et tout me dit que je suis excusable,
Contre l'amour, quand je tiens mon serment.

Madame PUTIPHAR.
Mon honneur dit qu'à l'amour tout nous porte,
Que c'est l'amour qui fait notre bonheur.

JOSEPH.
Mon honneur dit que l'amitié l'emporte,
Et moi, j'en crois ce que dit mon honneur.

Madame PUTIPHAR.
Erreur que cela, mon ami, erreur. Voilà toujours les présens de noce. Un petit gilet que je vous ai brodé, un petit couplet que je vous ai broché.

JOSEPH.
Posant le gilet, sans le dérouler, sur une chaise, et serrant dans sa poche le couplet, après l'avoir parcouru.

AIR: *De tous les capucins du monde.*

De votre mari, citoyenne,
Soyez la femme et non la mienne;
Car, enfin, c'est vouloir à tort
Vous allier à la jeunesse:
Je ne me sens pas assez fort
pour être un bâton de vieillesse.

Madame PUTIPHAR.
Qu'appellez-vous bâton de vieillesse?

AIR. *Où s'en vont ces gais bergers.*
Jamais on ne m'offensa,
Et sur-tout de la sorte,
Vous ! à qui tout annonça,
L'amour que je vous porte !

JOSEPH.

Mais songez-y-donc, la maman,
Vous avez soixante ans.

Madame PUTIPHAR.

qui dit ça !

JOSEPH.

Je l'ai lu sur la porte.

Madame PUTIPHAR.

Vous confondez ; c'est mon mari.
AIR : *Il n'est pire eau que l'eau qui dort.*
Votre refus, Joseph, est une injure :
Vous refusez de régner sur mon cœur.

Elle ôte sa belouse et découvre une parure ridicule.
Convenez donc, en voyant ma tournure,
Que je vous fais beaucoup d'honneur.

Mimi arrive derrière elle par la porte du fond du théâtre et n'est apperçue que de Joseph : elle lui fait voir une dinde qu'elle vient d'acheter et rentre ensuite dans la maison.

JOSEPH, *regardant la dinde.*

Comme elle est belle ! comme elle est blanche ! comme elle est fraiche ! oui ; mais il faut qu'elle soit mortifiée.

Madame PUTIPHAR, *croyant qu'il parle d'elle.*

Mortifiée ?

JOSEPH.

Ce n'est pas vous, la maman, c'est une autre.

Madame PUTIPHAR.

Oh ! j'ai bien entendu ! mortifiée par mon mari et

encore par son clerc !... On ne tient pas à cela. Au reste, je vous le passe encore ; mais vous allez sur le champ me conduire à la danse.

JOSEPH.

Si ça vous est égal, faites vous accompagner du petit clerc.

Madame PUTIPHAR.

Ah! Joseph! celui-là est trop fort! vous me contrariez et je vous en ferai repentir.

JOSEPH.

Oh! puisque vous vous fâchez, la maman, ma foi je vous laisse.

Madame PUTIPHAR.

AIR : *N'en demande pas davantage.*

Non, vous ne m'échapperez pas ;
Ceci n'est point un badinage :
Je vais m'attacher à vos pas,
Et me venger d'un tel outrage.
Vous fuyez ! tout beau !

JOSEPH, *cherchant à s'échapper.*

Gardez mon manteau :
N'en demandez pas davantage. (*bis*)

Le manteau de Joseph lui reste dans la main.

SCENE XIX.

Les mêmes, PUTIPHAR.

PUTIPHAR.

Même air.

MAIS, d'où vient ce bruit qu'on entend ?
(*En regardant sa femme.*)
Et quel est donc cet étalage !

Madame PUTIPHAR, *en colère.*
Ce Joseph dont on parle tant,
Lui, qu'on croit timide et sauvage....

JOSEPH.
Calmez ce courroux ;
Vite expliquez-vous.

Madame PUTIPHAR, *montrant le manteau.*
N'en demandez pas d'avantage,

JOSEPH, à Madame PUTIPHAR.
N'en demandez pas davantage.

PUTIPHAR.
N'en demandons pas davantage.

AIR : *Toujours va qui danse.*

Comment ! ce petit libertin
Trahissait ma confiance !

Madame PUTIPHAR.
Il a mis, le fait est certain,
A bout ma patience.

JOSEPH.
Joseph un libertin ! vraiment,
L'erreur est un peu forte !
Mais voyez donc quel jugement
Le citoyen en porte !

PUTIPHAR, *en colère*
Oui, oui, c'est mon jugement. Ah ! mon petit ami, vous vous émancipez ! on vous apprendra à être plus sage, monsieur le novice. Allons, allons, pour le punir il n'y a qu'à l'enfermer dans quelqu'endroit de la maison.

Madame PUTIPHAR.
Et j'en aurai la clef.

JOSEPH, *à Putiphar*
Citoyen... si ça vous est égal, que ce soit dans le garde manger.

PUTIPHAR.
Ce petit drôle ! tout lui est bon.

SCENE XX et DERNIÈRE.

MIMI, PUTIPHAR, Madame PUTIPHAR, JOSEPH.

MIMI.

Un petit moment, avant de le punir, qu'on s'explique.

Madame PUTIPHAR.

Point d'explications, ce que je puis dire c'est qu'il refuse de me conduire à la danse.

PUTIPHAR.

Il refuse de vous conduire à la danse ? Et voilà tout ? Et vous faites tant de bruit pour cela ?

Madame PUTIPHAR.

Et pourquoi pas ?

PUTIPHAR.

Mais, mon dieu ! moi, j'ai cru....

MIMI.

Ah ! vous ne deviez pas croire... On connaît Joseph.

JOSEPH.

D'ailleurs.

AIR : *Que ne suis-je la fougère.*

J'aurais perdu votre estime,
Pour moi, le bien le plus doux ;
J'aurais perdu par un crime,
Le sort que j'attends de vous.

j'aurais perdu ce que j'aime,
Sans doute, et bien entendu,
Que j'aurais perdu de même,
Ce que je n'ai pas perdu.

PUTIPHAR

Perdu ce qu'il aime ? Qui donc ça ?

MIMI.

Moi.

PUTIPHAR.

Comment ! vous ?

MIMI.

Oui, moi-même ; et votre intention est de nous unir.

PUTIPHAR.

Moi, dans mon état, unir quelqu'un ? Ah ! ne croyez pas ça.

MIMI, *tirant de sa poche un billet de Putiphar.*

Voilà pourtant ce que vous m'écrivez. (*Putiphar à part veut empêcher Mimi de parler.*)

AIR : *Mi, mi, fa, ré, mi.*

» A ton destin je m'intéresse,
» Et prétends faire ton bonheur.
» Du logis tu seras maîtresse :
» Je t'en jure sur mon honneur.
» MIMI, fa, ré, mi,
» Crois qu'un bon ami,
» T'aimera sans fard,
» Signé, *Putiphar.*

(*Elle passe le billet à madame.*)

PUTIPHAR, *à part.*

Si je pouvais parler !...

Madame PUTIPHAR.

Mon mari, c'est bien votre écriture.

MIMI, *à madame.*

Je ne puis être maîtresse du logis qu'en épousant Joseph, s'il a l'étude ; c'est que votre époux en fait mystère.

JOSEPH.

La maman avait aussi l'idée de nous unir.

Madame PUTIPHAR.

Voilà l'autre, à présent.

JOSEPH, *remettant à Putiphar le gilet roulé.*

J'ai même déjà reçu de sa main, les présens de noce : un petit gilet qu'elle m'a brodé ; un petit couplet qu'elle m'a broché.

Madame PUTIPHAR, *à part.*

Je ne m'attendais pas à ce retour ! le petit fripon profite bien de la circonstance !

PUTIPHAR, *après avoir déroulé un gilet à grands ramages.*

C'est du beau, ça !

JOSEPH.

Voyez le couplet.

PUTIPHAR.

Ma femme, c'est bien aussi votre écriture. (*Il chante.*)

AIR : *De la baronne*

» Présent de noce,
» Et dans un goût des plus nouveaux,
» Recevez ce cadeau précoce,
» Orné des plus jolis pavots,
» Présents de noce.

La pensée est très-délicate. (*à sa femme.*) Il ne faut pas rougir pour ça, mon petit chou. Il me paraît que vous vous prêtez à les unir, de la meilleure grâce.

Madame PUTIPHAR, *avec humeur.*

Et vous aussi, monsieur. (*A part.*) Si je pouvais m'expliquer.

(40)

MIMI, à madame.

Vous vouliez des enfans; en nous adoptant, vous en aurez qui vous aimeront et que vous éleverez à la Jean-Jacques.

Madame PUTIPHAR.

Vous êtes heureuse d'avoir touché le cœur de Joseph! Je ne m'en serais pas douté.

JOSEPH.

C'est qu'en allant au bois de Boulogne, je lui faisais ma cour à la Muette.

Madame PUTIPHAR.

Hélas! malgré moi, il faut que j'en convienne.

VAUDEVILLE.

Ces couplets peuvent se chanter sur l'air du vaudeville de l'Officier de Fortune.

Madame PUTIPHAR.

1er. Couplet.

AIR: *nouveau, par le C. Chapelle.*

ALLEGRETTO.

Femme dont la beau-té se pas-se, Rechercher garçon de vingt ans, C'est vouloir ma-ri-er la gla-ce Avec la saison du printems, Avec la sai-son du printems; L'amour se

rit de la coquet-te, Et tandis que les damoiseaux Courtisent

la jeu-ne fil-let-te, La vieille garde les Manteaux, La vieille

Chœur.

gar-de les manteaux, La vieille gar-de les manteaux,

PUTIPHAR.

2ème. *Couplet*.

Un vieillard avec confiance,
S'il aime se croit écouté,
Mais n'offrir que l'expérience,
La triste chose, en vérité !   (*Bis.*)
Jeune encor, Joseph sans malice,
Prouve trop bien à ses rivaux,
qu'en amour c'est le plus novice
Qui nous fait garder les manteaux.   (*ter.*)

MIMI.

3ème. *Couplet*.

Pour épouser jeune servante,
L'honneur se croyait compromis :
Aujourd'hui, comblant mon attente,
L'Egalité vous l'a permis,   (*bis.*)
Les vertus, pour être en ménage,
Formant les titres les plus beaux,
Que de femmes du haut parage,
Pourraient nous garder les manteaux,   (*ter*)

JOSEPH, *au Public.*
Dernier Couplet.

Comme dans le fait historique,
J'échappe à maman Putiphar ;
Mais échapper à la critique ;
Cela, c'est une affaire à part :
Le censeur, si l'ouvrage blesse,
En sifflant s'égaye à propos :
Mais quand vous épousez la pièce,
C'est lui qui garde les manteaux.

FIN.

PROPRIÉTÉ.

Je déclare que je poursuivrai devant les tribunaux, tout Directeur de Spectacles, qui, au mépris des loix existantes sur la propriété, ferait représenter *Arlequin-Joseph*, sans mon consentement par écrit, ainsi que tout Imprimeur qui s'en permettrait une contrefaçon.

Signé B. DEMAUTORT.

CATALOGUE

Des pièces du Théâtre du Vaudeville, et autres nouveautés qui se trouvent chez le Libraire, au Théâtre du Vaudeville, et à l'Imprimerie, rue des Droits de l'Homme, N°. 44.

Les deux Panthéons, en trois actes, par le C. Piis.
Les mille et un Théâtres, en un acte, par le C. Desfontaines.
L'Isle des Femmes, en un acte, par le C. Léger.
La Revanche forcée, en un acte, par le C. Deschamps.
Arlequin Afficheur, en un acte, des CC. Barré, Radet et Desfontaines.
Le Projet manqué, ou Arlequin taquin, en un acte, par les mêmes.
Le Petit Sacristain, en un acte, par le C. Mautort.
Piron avec ses amis, en un acte, par le C. Deschamps.
Nice parodie de Stratonice, en un acte, par le C. Desprez.
Favart aux Champs Élysées, en un acte, par les CC. Barré, Radet et Desfontaines.
Arlequin, Tailleur, en un acte, par les CC. L. et T.
Georges et Gros-Jean, en un acte, par le C. Léger.
La Gageure inutile, en un acte, par le même.
Nicaise Peintre, par le C. Léger.
Arlequin, Friand, en un acte.
L'Heureuse-Décade, en un acte, par les CC. Barré, Léger et Rosières.
Le Saint déniché, en un acte, par le C. Piis.
Au Retour, par les CC. Radet et Desfontaines.
Encore un Curé, en un acte, par les C. Radet et Desfontaines.
La Plaque retournée, en un acte, par les CC. L. et T.
Le Savetier et le Financier, en un acte, par le C. Piis.

Le Faucon, en un acte, avec la musique, par le C. Radet.
Le Noble Rotürier, avec la Musique, par le même.
Les Volontaires en route, en un acte, par le C. Raffard.
La Nourrice Républicaine, en un acte, par le C. Piis.
Arlequin Joseph, en un acte, par le C. Mautort.
Etrennes Lyriques, pour l'an deux de la République, (1794, *vieux style*.)
La collection des mêmes, formant 14 vol.
La Consolation des Cocus, avec figures.
Les Faveurs du Sommeil, vol *in-18*, figures; prix 2 liv. 10 s.
Chansons Patriotiques du C. Piis, avec les airs notés, vol. *in-18*. figure.
Nouveau Recueil de Romances, Chansons et Vaudevilles, par Berquin, avec les airs notés, vol. *in-8*.
Le Guide des Actionnaires de la Caisse d'Epargnes, vol. *in-18*. avec tableaux.
Et autres nouveautés.

Sous presse, et qui paraîtront incessamment.

ARLEQUIN Pigmalion, en un acte, par le C. Dossion.
La Matrone d'Ephèse, en un acte, par le C. Radet.
Le Prix, ou l'Embarras du Choix, en un acte, par le même.
La bonne Aubaine, en un acte, par le même.
La Fête de l'Egalité, en un acte, par les CC. Radet et Desfontaines.
Le Divorce, en un acte, par le C. Desfontaines.
Le Poste Evacué, en un acte, par le C. Deschamps.
Le Sourd guéri, en un acte, par les CC. Barré et Léger.
Les Vieux Epoux, en un acte, par le C. Desfontaines.

www.ingramcontent.com/pod-product-compliance
Lightning Source LLC
LaVergne TN
LVHW022210080426
835511LV00008B/1691